Recetario de
Magia Blanca
y
Magia Negra
Amarrar, atraer, separar, alejar

Luis Rutiaga

Recetario de
Magia Blanca
y
Magia Negra
Amarrar, atraer, separar, alejar

EDICIONES VIMAN, S.A. DE C.V.
COSECHADORES #13, COL. LOS CIPRESES
09810, MÉXICO, D.F.

1a. edición, marzo 2007.

© Recetario de
magia blanca y magia negra

© 2007, Ediciones Viman, S.A. de C.V.
Cosechadores #13, Col. Los Cipreses
09810, México, D.F.
Tel. 20 65 33 94
ISBN: 968-9120-57-3
Miembro de la Cámara Nacional
de la Industria Editorial No 3427

Proyecto: Luis H. Rutiaga
Diseño de portada: Trilce Romero
Formación tipográfica: Luis H. Rutiaga
Supervisor de producción: Leonardo Figueroa

Todos los derechos reservados conforme a la ley.
Ninguna parte de esta publicación podrá ser reproducida o
transmitida, total o parcialmente, en cualquier forma,
o por cualquier medio electrónico o mecánico, incluyendo
fotocopiado, cassette, etc., sin autorización por
escrito del editor titular del Copyright.

Impreso en México - Printed in Mexico

Prólogo

Aquello que se conoce y se comprende es una herramienta válida para la evolución humana. Los practicantes de la magia cometemos muchos errores por falta de esa comprensión sobre el funcionamiento de la obra mágica. Jamás podemos pensar que como ya lo hemos "leído" y como sabemos cómo se hace, lo sabemos hacer. Es un error en el que caemos muchos y pagamos las consecuencias. La energía no se domina por el simple hecho de "conocer". Podremos estudiar miles de libros sobre magia, acudir a los mejores maestros, conocer rituales e incluso aplicarlos y nunca llegar a ser mago.

La magia es una aptitud que nace desde el corazón y que cuando llegamos a este plano material, ya estaba incorporada en nuestro interior.

No se es mago por meditar, ni por rezar, ni por estudiar, ni por saber; no hay campanas, ni cristales, ni rituales, ni técnicas que abran el tercer ojo, den la videncia, o conduzcan a la iluminación; pero si nos mantenemos fieles a nuestro corazón respetando las normas herméticas y practicando el autoconocimiento y la superación de nuestros propios errores, en una palabra, si desarrollamos el amor por encima del ego, quizá en un espacio del tiempo, tengamos la oportunidad de ver la energía y poder manipularla.

Se ha difundido un postulado que circula por todo el mundo y dice que "todos somos magos", que el poder está en nosotros y sólo hay que activarlo. Claro que es posible manejarnos en un nivel determinado para obtener aquello que deseamos según nuestras posibilidades.

Todos podemos hacer magia a nuestro nivel y según nuestras aptitudes, pero no todos podemos actuar como magos y sólo unos pocos "elegidos" acceden a este nivel energético. Y también es cierto: no todo los que se dicen "magos" lo son.

Si aceptamos humildemente nuestra aptitud tal cual es, avanzaremos mucho más, nos dañaremos menos y seremos más sabios. Reconozcamos nuestra limitación y disfrutémosla, en vez de "autocalificarnos de expertos" desde los comienzos, metiéndonos a manipular una energía que ni podemos ver, ni sabemos qué hacer con ella, ni cómo actuar, porque eso "no está en los libros". Una vez más la opción es nuestra, y "la honestidad con nosotros mismos" determinará nuestros actos.

Y sin embargo, si es cierto que todos somos magos. Magos para transformar un error en sabiduría, magos para saber elegir nuestro camino, magos para manejar nuestra vida, magos que cada día inventan su propia primavera, magos que encuentran soluciones a la supervivencia, magos que crecen interiormente en el camino de la vida.

Esa chispa de luz que un día nos da la clave de la comprensión de que todo está unido por lazos invisibles, que la historia de un hombre es la historia de toda la humanidad, que todo es uno; ese destello, que da la capacidad de extender la mano hacia el caído porque antes ya caímos nosotros y sabemos cómo se siente. Esa es la auténtica magia que hoy por hoy los magos del mañana, sabemos y podemos manejar. Utilicémosla.

Luis Rutiaga

Límites mágicos

Quisiéramos hacer unas puntualizaciones por considerarlas importantes a fin de clarificar conceptos esenciales en magia que son fuente de confusión y de grandes errores. Evidentemente, no somos teólogos ni tenemos ningún título en dogmas, fe y religión, pero sí hemos investigado, reflexionado, meditado y sacado conclusiones que queremos transmitir con el único interés de aportar luz útil a aquel que la busque. La verdad hay que buscarla.

Los límites entre magia negra y blanca son muy difusos y sujetos a numerosas discusiones, porque en realidad no existen ambas magias. La energía es una y solamente el objetivo a conseguir, marca la diferencia entre blanco y negro, bien y mal, luz y oscuridad, pero todo eso no tiene nada que ver con Dios.

El creador está por encima de nuestras pequeñas o grandes manipulaciones e intentos de imitarle; no es manipulable, no interviene directamente en la obra humana. Él es creador y observador. Si fuera de otra forma, toda la vida cambiaría de sentido, lo estaríamos minimalizando y encajándo en unos juicios limitados, en una palabra Dios, dejaría de ser omnipotente.

Por otra parte, eso implicaría que, nuestra conexión con la divinidad podría ser robada sin nuestro permiso, en cualquier momento, y el poder del creador sufriría una depreciación frente a la energía usurpadora, lo cual nos privaría de la libertad de elección que todos tenemos y que atenta contra nuestro libre albedrío; tal sería el caso de caer víctimas de un trabajo de magia negra, por ejemplo.

Lo que nosotros llamamos bien y mal, luz y oscuridad, amor o justicia, son cualidades con las que identificamos a la divinidad, para hacerlo más asequible a nuestra pequeña y limitada mente humana, pero que en realidad son intentos de imitar a un "algo" superior e inmenso, no catalogable en nuestra irrealidad. Nadie jamás ha visto a Dios desde este plano material, y lo máximo obtenido, es la visión o revelación de una imagen del inconsciente colectivo creada en el plano astral, y mediante la cual, hemos identificado a una vibración tan inconmensurable; pero sí podemos ver sus manifestaciones, e intuir su grandeza, admirar su belleza y amar su amor. Y eso ya de por sí es una manifestación divina.

Polaridad

En la tierra por el denso plano en que nos encontramos, funcionamos con la polaridad y nuestro objetivo es alcanzar la unidad, trasmutar la materia en espíritu, convertir cuerpo y alma en una única vibración, pero mientras tanto, la Ley de la Polaridad hermética confirma el proceso: "Todo es doble, todo tiene dos polos; todo, su par de opuestos: los semejantes y los antagónicos son lo mismo; los opuestos son idénticos en naturaleza, pero diferentes en grado; los extremos se tocan; todas las verdades son medias verdades, todas las paradojas pueden reconciliarse".

Así pues queremos dejar constancia que la magia es energía, generada a partir de la polaridad y que por tanto pertenece al plano material de la tierra, y por consiguiente, nada de lo que se produzca a través de la magia tiene relación directa con el creador. El ser humano en su libre albedrío tiene la facultad de elegir o no la magia como herramienta evolutiva; puede determinar usarla en su autosatisfacción personal, o dedicar la energía en beneficiar a otros, y esa determinación es una cualidad propiamente humana —que no poseen ni los ángeles— y que manifiesta el nivel evolutivo individual.

Magia "blanca" y magia "negra"

Hay quien define la magia negra como aquella cuyo fin consiste en beneficiar al mago, el cual mediante la invocación de espíritus infernales sometidos al servicio del nigromante, coartan la libertad de otro individuo.

Según esta definición, se nos ocurre una pregunta: ¿y cuando no se produce un beneficio para el mago? Todo trabajo de magia potencia digamos las "habilidades" del mago, como toda práctica ya sea física mental o espiritual potencia cualidades del practicante o sino ¿Qué sentido tendría hacerlo?, otra cosa es el objetivo final de la práctica, es decir ¿qué pretendemos lograr mediante el acto mágico?... pero en ambos casos la obra mágica beneficia al mago en tanto y cuanto le incrementa poder personal.

Dicen que coarta la libertad individual: ciertamente, porque ¿dónde está el límite entre mi deseo y el deseo del otro?... ¿Cuál sería el fin de la magia sino conseguir mediante artes ocultas lo que aparentemente no logramos con nuestro propio magnetismo personal?

Y en cuanto a la invocación de espíritus infernales, lógicamente cada practicante de magia recurre a aquellos seres con los que se identifica mejor... pero la magia en sí es una y como todo en este plano denso, tiene dos polaridades, de cómo lo cataloguemos dependerá en el lado por el que el practicante se sienta atraído.

En nuestra opinión, la magia negra comienza en el punto en que se interviene con el fin de manipular la libertad de otro para conseguir un beneficio ajeno al mismo. Sin embargo, deberíamos tomar conciencia que esa definición es incompleta si no se tiene en cuenta otros agentes ocultos, ya que en realidad la manipulación mental está a la orden del día, en nuestra vida cotidiana, y desde luego no necesitamos magos de ningún color para efectuar nuestras ocultas componendas.

Cada vez que engañamos, mentimos, o difamamos, estamos manipulando en mayor o menor medida la libertad individual de otro; cada verdad a medias, cada enseñanza falseada o maestría manipulada, publicadas para lucro personal, está incidiendo en el mal uso de la energía; cada producto elaborado con materiales no adecuados y vendido como la panacea sanadora, es una manipulación que puede causar riesgos mayores a las personas y al entorno. Y todo eso tiene unas consecuencias que antes o después se volverán contra nosotros.

Después, acudimos al mago llorando y tirándonos de los cabellos diciendo ¿pero qué he hecho yo para merecer esto?... si conociéramos el poder real de nuestra mente y la fuerza de nuestros deseos quedaríamos sumamente impresionados. Quizá en este caso, la ignorancia sea mejor solución.

Seguramente habrá quien lea esto y piense que es una exageración; yo le diría: posiblemente; pero sólo hay que observar la dinámica social y la contundente realidad, salta a la vista. Todo depende del nivel de conciencia individual; nosotros planteamos estas cuestiones para ser reflexionadas y después decidir, no es una cátedra. Nuestra obligación igualmente es informar del lado negativo y de sus consecuencias.

¿Es posible hacer un ritual de magia amorosa sin perjudicar?

No y nunca. Que nadie se engañe: no existe un trabajo de amarre, dominio, o acercamiento que no sea una manipulación, y por consiguiente perjudicial para uno de los dos.

Sólo si la propia pareja acude al mago pidiéndole que les una y lo soliciten los dos, sería el único caso en que no se incurriría en daño y no habría manipulación sino aceptación, y aun así corren el riesgo de torcer ellos sus propios caminos puesto que nadie puede garantizar la eternidad del amor.

Un amarre o un acercamiento sin pleno conocimiento de ambas partes es dañino, puesto que estamos desviando la libertad de elección de uno de ellos en beneficio del otro. Y además es un error, porque todo cuanto sale de la magia es temporal, y en un periodo limitado de tiempo más o menos preciso dependiendo del karma de la pareja, el amarre perderá e vigor y se volverán a encontrar con el problema de origen, agravado por desgaste y tiempo perdido. ¿Quién puede asegurar que en el tiempo que duró el trabajo uno de los dos no perdiera la posibilidad de encontrar a una persona mas adecuada a su vibración y destinada a ella?

Sin embargo, ¿por qué no ocupar el periodo de soledad tras una mala relación emocional en trabajar nuestro interior, analizar en qué fallamos, conocer cuál es nuestra carencia, qué es lo que de verdad esperamos de la pareja? Eso nos mejoraría a nosotros mismos y limpiaría el karma y proyectaría una mejor convivencia en futuras relaciones... y eso si es magia ¡y de la buena!

¿En que casos se puede usar la magia?

La magia forma parte de nuestro poder personal, es nuestra capacidad para transformar las cosas incluidos nosotros mismos. Podemos usar la magia en la cocina deseando que los comensales del plato que cocinamos reciban beneficios de este alimento y les dé fuerzas para realizar las labores del día. Podemos utilizar magia en infusiones, utilizando la vibración de las plantas que vamos a ofrecer a los demás potenciando con nuestras vibras de luz y armonía y comprobaremos cómo nuestros comensales disfrutan de la velada. Podemos hacer magia en el autobús, en el coche, en el trabajo y en la calle mientras compramos, pero especialmente la magia debemos hacerla con nosotros, porque en la medida que mejoramos podremos prestar apoyo a nuestros seres queridos.

Todo cuando hemos puesto en este libro es magia personal. Podemos limpiarnos etéricamente de negatividad nuestra o adquirida, mediante las técnicas que hemos aportado, con huevo, con hierbas, con baños o con sahumerios, pero el color de la magia depende de nosotros. Hay plena libertad para facilitarlas a personas necesitadas, siempre que no percibamos más que una sonrisa a cambio.

Podemos utilizar la magia en nuestra casa, en nuestro negocio, con los riegos, humos y sahumerios; tenemos todos los ingredientes. Existe un abecedario mágico de hierbas y sus propiedades y un alfabeto de minerales y amuletos naturales para poner en práctica.

Podemos proteger a nuestra familia, con magia escrita y magia de la oración; podemos crear nuestros saquitos de dinero, o protectores; amuletos y piedras de poder que nos ayuden en momentos determinados a mejorar situaciones.

Podemos levantar altar y zonas de meditación que nos ayuden a concentrarnos y a conectar con nuestra divinidad; la magia de las velas, aceites y perfumes se utilizan para ofrecer a nuestros protectores con intenciones especiales, y todo eso es magia personal.

Magia "negra"

No todos los problemas que tenemos en esta vida tienen origen en magia negra, si así fuera, el mundo sería un verdadero caos y vemos que hay mucha gente que no acepta esta simple aclaración, pero es problema de quién no ve, ni oye ni entiende.

Efectivamente, la magia, sea negra, blanca, roja o del color que se nos antoje, requiere primeramente de una base preparatoria, tanto física como mental y espiritual lo que significa que no todo el mundo tiene acceso a manejar magia tan libremente como se cree. Hay quienes llevan años realizando su preparación.

Lo que entendemos por magia negra es el enfoque que se le da desde una perspectiva negativa en todos los sentidos y ante problemas que no se sepan solucionar o que son persistentes existe la tendencia a pensar que alguien "nos está trabajando" o realizando hechizos, mal de ojo, etc. Pero realmente, esta fluctuación de malas vibraciones se aloja con facilidad en personas sumamente sensibles a creer sin apoyos en cualquier cosa, bastando una simple mirada ajena o que les digan que se las ha "aojado", por ejemplo.

Cada problema es un mundo diferente y así se construye la vida de las personas. Si no se es capaz de entender el cómo y el por qué de ese problema esa tendencia a sustituir el "por qué" por un mal de ojo o un hechizo está mucho más presente haciendo aumentar más aún el problema.

Piense por un momento que si el problema por el que pasa no tiene origen en la magia negra, pierde el tiempo y dinero en luchar contra un origen inexistente, el problema seguirá ahí, posiblemente aumentado. No se trata de jugar a la lotería y decir "no pierdo nada con intentarlo, si es magia negra se irá el problema", pues se entra en un juego muy peligroso del que a veces es difícil salir.

Luego entramos en el factor sorpresa de todo acto mágico: el pensamiento. Cuanto más pensemos que se nos está trabajando más abierta estamos dejando la puerta de nuestra casa, de nuestra vida y de nuestro equilibrio.

Problemas tenemos todos, eso es indudable, algunas veces más fuertes y otras más suaves, pero problemas al fin y al cabo y no hay cosa más deseada en este mundo que no tenerlos y vivir una vida tranquila y relajada, así que creo que es cuestión de comprender cómo funciona el juego.

Antes de pensar y creer en magias negras sería muy bueno hacer como muchos especialistas que buscan en el exterior respuestas a sus preguntas. La fisonomía ayuda a comprender las intenciones de la gente a nuestro alrededor. Los gestos, movimientos corporales y actitudes de las personas nos dirán cosas interesantes, tanto como de nosotros mismos. La psicología es una herramienta excelente, las terapias que ofrecen un estado de felicidad y de cambios de visión son otras herramientas eficaces... pero no contra la magia negra, sino a favor nuestro. Una vida plena, equilibrada y que sea, dentro de lo posible, lo más agradable para uno es la mejor opción.

¿Quieres practicar la magia negra?

Es nuestra intención demostrarles lo que pueden esperar si intentan practicarla, del mismo modo que existe una ley de la gravedad, existe una ley de lo que en oriente se denomina karma: "Haga el bien y recibirá el bien, haga el mal aunque sea de forma no intencionada, será el mal lo que obtendrá", esta es la ley, así pues, ¿cómo puede evitar caer en el abismo del practicante de la magia negra?

Siempre se paga por ello un alto precio, aquello que se siembra se recogerá. Si ustedes han provocado algún daño, o han sido la causa de una oscuridad espiritual, todo ello se volverá contra ustedes multiplicado.

En muchas religiones se dice que todo aquello que hacemos vuelve a nosotros y que lo hace por triplicado, aquellos que practican la magia negra han de pagar un precio muy elevado por ello.

¿Cómo defenderse de un trabajo mágico?

Lo primero es creérselo, este es el punto más conflictivo, puesto que la persona acude a un practicante de la magia cuando está desesperada y da todo por perdido.

Pero, cómo reconocer si el mago al que se va a acudir es bueno o es malo.

En primer lugar pedir ayuda a Dios.

A partir de este momento y con ayuda de Él, tiene uno que observar y estar atento a las siguientes características que definen a un mago negro, que son:

Es avaricioso.
Es seductor.
Es demagogo.
Siempre tiene la razón.
Es convincentemente falso.
Nunca tiene la palabra de Él en la boca.
Nunca tiene la bondad a nivel espiritual.
Es prepotente.
Es egoísta.
Es materialista, sólo le importa el dinero.
Es egocéntrico.
Es dominante.
Tiene muy alta sexualidad.

Con respecto a las características que definen al mago blanco son:

Le define la bondad.
Es noble.
Suele ser dulce y cariñoso.
Su nivel de inteligencia es muy alto.
Está elevado espiritualmente.
La palabra de Él está siempre presente en su boca.
No es avaricioso.
No es seductor.

No trata de convencer.

Siempre está dispuesto a ayudar desinteresadamente.

Tiene una sexualidad controlada.

En estos puntos explicados, es donde se puede observar la gran diferencia que existe entre uno y otro.

Hemos optado por dar a conocer una serie de rituales que clasificamos en "blancos" y "negros". Los rituales blancos nos unen, nos dan, pedimos; las velas son blancas o de colores, los elementos del ritual son, en su mayoría, vegetales y minerales, y tienen vibraciones positivas. Los rituales negros separan, alejan, quitan, exigen; las velas son negras, hay elementos del ritual de origen animal y sus vibraciones son negativas. Después de esta advertencia, depende de usted el uso que les dé y prepárese para asumir las consecuencias.

Rituales de magia "blanca"

Baño de atracción y fortuna

Ingredientes:
- Esencia del signo de la persona
- Jabón azul
- Bicarbonato
- Limón
- Perejil o hierbabuena
- Jabón desenvolvimiento

Preparación:
Primero "despojarse" con el jabón azul, bicarbonato y limón. Luego restregarse con perejil y si es para hombre con hierbabuena. Si el signo de la mujer es fuerte, por ejemplo (Leo), también puede usar hierbabuena. Por último usar el jabón desenvolvimiento. Perfumarse con la esencia personal.

Baño de amor

Ingredientes:
- Baño conquistador

Jabón conquistador
Sahumerio conquistador
Esencia de gota de amor
Esencia de conquistador
Esencia de llamadera
Esencia de pega-pega
Esencia de pachulí
Esencia de atracción

Preparación:
Ligar el baño conquistador concentrado con las esencias suficientemente como para que alcance para los siete baños los días martes y viernes. Enjabonarse con el jabón conquistador y deshumar la ropa, debajo de la cama con sahumerio conquistador, encender una vela con la oración del Conquistador:

"Yo suplico e invoco la influencia del espíritu conquistador como protectora para que me ayudes a conquistar el amor, la fortuna, la atención de (*nombre*). Espíritu conquistador conquista a (*nombre*) para mí. Amén".

Preparación de perfume personal

Ingredientes:
Perfume de uso personal (cantidad suficiente)
1 pizca de raíz de valeriana
1 raíz de pachulí
1 rama de mastuerzo
1 rama de canela
Almizcle en polvo

Piedra de coral
Piedra de ámbar
Piedra de azabache
Piedra de imán
3 velas rojas
Pétalos de rosa
Extracto de amor
Azúcar
Almizcle
Verbena
Piedra de su signo
Raíz conquistador
Limadura de oro
Limadura de plata
Raíz de Adán y Eva

Preparación:

En un frasco se van colocando los ingredientes mientras se conjuran por su nombre y lo que se espera de ellos. Los que tengan oración se conjuran con ésta, luego se coloca el perfume en una bandeja. Con las velas rojas se hace un triángulo a su alrededor, mientras se reza la oración de los perfumes. Estos materiales serán la base de su perfume, a medida que se vaya usando le agregará más de su perfume personal, de esta manera siempre tendrá suficiente.

"Dios todopoderoso, arquitecto sublime que por tu voluntad al universo sacaste de la nada, estabilizador de la naturaleza y la creación, llama de fuego y luz. Dios de vida e inteligencia inagotable, fuerza de amor, justicia y armonía.

"A ti recurro para invocar a Venus, diosa de amor y primavera; a Liber, diosa de la fertilidad; a Ceres y Flora, diosas de la vegetación y protectora de floración; a Minerva diosa del comercio, la industria y el aprendizaje.

"Te pedimos Dios omnipotente, por el conjuro de estos perfumes para que los bendigas, los santifiques y los llenes de todo lo bueno y digno: la salud, la pureza, la victoria, la virtud, la sabiduría, la bondad, la plenitud del vigor y que esta bendición permanezca aquí, ahora y siempre por los siglos de los siglos. Amén".

Baños de amor

Ingrdientes:

7 cucharadas de esencia de albahaca
7 cucharadas de esencia de hierbabuena
7 cucharadas de esencia de girasol
7 cucharadas de esencia de verbena
7 cucharadas de esencia de flores amarillas
Despojo de amor
Jabón de amor
Perfume de amor
9 flores diferentes

Preparación:

Colocar las nueve flores dentro de una botella con siete cucharadas de cada esencia y el despojo de amor. Luego lo pone al sol y al sereno tres días antes de darse los nueve baños. Use el jabón de amor y el perfume de amor.

Preparación de perfumes

Ingredientes:
Azúcar
Ámbar
Almizcle
Pájaro macuá (con el nido)
Colonia Pompeya
Raíz de valeriana (pequeña)
Raíz de vetiver
Almizcle en polvo
Perfume según el signo
Perfume de uso personal
3 velas de colores diferentes
1 sello de Venus
Incienso conquistador

Preparación:

Se busca un frasco grande y bonito, este perfume dura siempre, sólo hay que agregarle uno de los tres perfumes para completarlo. Se hace un triángulo con las velas y alrededor de las velas un círculo con azúcar, en el medio del triángulo de las velas poner el perfume ya preparado. Prender el sahumerio y rezar la oración de preparar perfume:

"Oh, Venus, diosa del amor y la belleza, la llave de la vida de los egipcios. Venus, reina del arte y artistas, belleza, amor, matrimonio, música, poesía. Yo te invoco a ti, Dios Todopoderoso, creador de la naturaleza, habitante de los cielos; para que induzcas y confieras virtud y facultad a estos perfumes, yerbas y olores, para lograr mis propósitos. Dios de la vida universal, oh, Dios creador, solidariza y unifica con este perfume las vibraciones positivas para mí. Aleja de mí, odios y envidias (colocar el sello de Venus en el incienso). Oh, planeta Venus. Oh, Dios único, eterno omnipotente, misericordioso, concédeme salud y bienestar, amor, paz, armonía, amistades, suerte en los negocios (matrimonio). Líbrame de la violencia, ayúdame a dominar conjuntamente lo visible o invisible; no sólo con la palabra sino con el pensamiento. ¡Oh!, sello de Venus dame tu fuerza y tu virtud para llevar a cabo mis aspiraciones, que al usar este perfume sirva de muralla para todos mis enemigos materiales y espirituales y que vuestra divina gracia me cubra con su manto".

Si a un enemigo invitado o una persona a la que se quiere dominar se le da a beber un líquido en el cual se haya sumergido por un momento el sello de Venus, se convertirá en la persona devota que se quiere.

Amarre de amor

Ingredientes:

Azúcar quemada (caramelo)

1 manzana

1 pergamino

Aceite de musk

1 aro de plata

Preparación:

Tomar una manzana y cortar la parte superior y sacar las semillas. Preparar el pergamino escribiendo el nombre de la persona siete veces horizontalmente y siete veces en forma vertical, uno encima del otro. En la parte de atrás del pergamino se escribe la palabra Sheva. Luego doblar el pergamino y enrollarlo poniendo alrededor del pergamino el aro de plata, luego ponerlo dentro de la manzana y echar el aceite de musk. Se cierra la manzana poniéndole la tapa y fijándola con tres espadas de Santa Bárbara (pequeñas). Poner la manzana en un plato y cubrirla con el caramelo (azúcar quemada).

"Oh, poderosa Santa Bárbara Changó, acuérdate que jamás se oyó decir que ninguno de los que a ti han recurrido, ninguno de los que han invocado tu protección e implorado tus auxilios, hayan sido por ti abandonados. Hoy recurro a ti, poderosa Santa Bárbara, para conjurar el espíritu vivo, juicio, pensamiento y voluntad de (*nombre*) para que me dé poder para dominar a (*nombre*) y hacer que sólo por mí sienta amor".

Rezar tres Padrenuestro y tres Avemaría.

Baño de belleza

Ingredientes:
  Canela en ramas
  Zábila
  Alcachofa (en planta)
  Árnica
  Altamisa
  Vino dulce

Preparación:
Hervir los ingredientes en un litro de agua y dejar que se evapore hasta 1/2 litro, luego ligar todos estos ingredientes

y bañarse frotándose primero la cabeza. Darse un baño normal y usar en el perfume nueve gotas de este preparado.

Baños de amor

Ingredientes:
Flores amarillas
Colonia Pompeya
Miel de abeja
Rajas de canela
Jugo de naranja
Esencia "para mí"
Esencia de llamadera
Esencia vencedor
Esencia de pega-pega
Esencia de amor
Jabón de amor
1 naranja
Canela en polvo

Preparación:
Las flores amarillas se ponen un día viernes dentro de un recipiente al sol del medio día, con el jugo de naranja y agua. Aparte, en un recipiente o frasco se prepararan las esencias con la canela y la miel.

Los viernes cuando se vaya a dar los baños, se le agrega a este preparado las flores. Usar un jabón de amor para realizar el baño y poner una naranja bañada en miel y espolvoreada de canela como ofrenda a Ochún.

Baño de amor

Ingredientes:
Miel
Jabón conquistador
Esencia de amor
Esencia de girasol
Esencia Pompeya
1 gota de perfume gota de amor

Preparación:
La persona se baña con el jabón, se moja en la regadera y luego procede a sobarse el cuerpo, desde los pies hacia la cabeza con la miel. Debe decir:

"Dulce amor, esta miel he de ser con todo el que me vea, me huela o me mire".

Luego se enjuaga ligeramente y con las esencias mezcladas se enjuaga también pero dejándoselas puestas.

Ligar el perfume gota de amor con el perfume de uso personal y usarlo normalmente.

Ritual de amor

Ingredientes:
1 velón rojo
Miel de abeja
Bórax
Miel rosada
Azúcar
Azúcar morena

Polvo de amor
Polvo de atracción
1 vaso para el velón
1 plato blanco

Preparación:

Alrededor del velón se hacen cruces con el nombre de la persona a quien va dirigido el velón, se ligan los ingredientes y con esto se baña el velón diciendo:

"Así como endulzo este velón así endulzo el carácter, espíritu vivo, juicio, pensamiento, voluntad, y persona de (*nombre*) que este ritual lleve a (*nombre*) hacia mí. Con este polvo de amor te cubro de amor y con este polvo de atracción te atraigo hacia mí".

Al prender el velón se hace la siguiente oración:

"Entrego el espíritu vivo, juicio, pensamiento y voluntad de (*nombre*) a María Magdalena que a pesar de sus pecados, fue perdonada por el hijo de Dios, Nuestro Señor, Jesucristo, porque sus faltas sólo fueron de amor, del amor que endulza la vida. Así quiero que endulces el amor hacia mí de (*nombre*). A ti me dirijo con la más ferviente súplica para que intercedas con San Antonio y San Valentín, sublimes santos que contigo dirigen los sentimientos de amor, hagan que (*nombre*) amado por mí no vea en otra persona distracción y no se aleje de mí y por el contrario lo acerquen más a mí, te suplico María Magdalena pecadora del amor que (*nombre*) motivo de mis desvelos y ensueños sea atraído para que su corazón lata al unísono con el mío y sienta la imperiosa necesidad de unir nuestros destinos. Amén".

Baños de amor

Ingredientes:
  7 ramas de verbena
  Esencia de amor
  Esencia de pega-pega
  Esencia de llamadera
  Esencia de dominio
  Esencia de atracción
  Aceite de almizcle
  Miel
  Incienso conquistador
  Jabón amor
  Perfume Afrodita

Preparación:

Hervir las siete ramas de verbena y luego colar el agua agregándole luego las esencias, en una noche de Venus (viernes), aplicarse el baño; después de secar su cuerpo untándolo con aceite de almizcle, encienda una vela roja mientras quema incienso conquistador frente a un espejo y delante de la vela y el incienso, repita el siguiente encantamiento:

"Yo te invoco diosa Venus, mi piel es tan suave y hermosa como la tuya, mis ojos son ardientes como los de la diosa Diana, diosa sensual. Madre Diana de fascinación sin igual. Haz que estas hierbas y esencias de amor me den fuerza inmortal. Haz que (*nombre*) sienta vuestro fuego hasta consumar mi deseo".

Baños de amor

Ingredientes:
Despojo de amor
Jabón conquistador
Perfume Afrodita
Perfume personal
1 rajita de canela
Raíz de pachulí
Baño de amor:
Esencia de amor
Esencia de dominio
Esencia de pega-pega
Esencia de "sígueme"
Esencia de vencedora

Preparación:
Se prepara el baño y despojo con las esencias para utilizarlo por espacio de once días usando jabón conquistador y el perfume Afrodita con su perfume de uso personal y la raíz de pachulí. Este perfume se aplica después del baño.

Para amarrar a un hombre

Ingredientes:
Esencia de gota de amor
Esencia de atracción
Esencia de pega-pega
Esencia de dominio
Esencia de llamadera

Esencia de conquistador
Esencia de imán
7 clavos
7 velas blancas
Incienso
Tabla redonda
Pergamino
2 fotos

Preparación:

En la madera redonda y alrededor de ésta, atravesar los clavos cuidando que queden las puntas hacia fuera. Corte el pergamino en siete y en cada uno de los pedazos escriba el nombre de él y ella. Encaje cada uno, en cada clavo. Prepare las esencias y sobe las velas antes de colocarlas. En el medio de la tabla coloque las fotos de los dos, invocando la oración al espíritu de la conquista. Encender las velas una por día, ofrecidas cada una para unir el espíritu vivo, juicio, pensamiento y voluntad de (*nombre*) y (*nombre de la persona que hace el ritual*). Hágalo conjurando también con estas velas cada día que las encienda al astro dominante. Al séptimo día, quitar este altar y guardar en una bolsita de tela roja. Las fotos con los pergaminos y la cera de las velas, se ponen debajo de un árbol y mientras hace este trabajo darse siete baños con las esencias preparadas.

Baños de amor

Ingredientes:
3 rosas rojas
3 rosas amarillas

3 rosas blancas
Esencia dulzura
Esencia de amor
Esencia de Pompeya
Esencia Afrodita
Esencia de cundiamor
Jabón de amor
Spray de amor
Perfume del pájaro macuá
Perfume de uso personal
Sahumerio de amor

Preparación:

Hervir las rosas, colarlas y ligarlas con las esencias, ponerlas al sereno durante tres días. Al tercer día embotellarlas y guardarlas donde sólo usted las vea. Darse nueve baños usando el jabón amor y usar perfume del pájaro macuá, ligando con musk o pachulí y el perfume de uso personal. Poner sahumerio de amor y rociar la ropa en el closet con spray de amor.

Baños de amor

Ingredientes:

Despojo de amor
Jabón de amor
Planta de cundiamor
Planta de albahaca
Planta de hierbabuena
Planta de girasol

Planta de verbena
3 flores amarillas

Preparación:

Lo debe poner al sol y al sereno, tres días antes de darse los baños.

Receta para suerte y amor

Ingredientes:
Baño despojo buena suerte
Esencia de amor
Esencia de imán
Esencia de atracción
Esencia de almizcle
Esencia de ámbar
Esencia de oro
Esencia de plata
7 gotas de perfume personal
3 plumas de ave
Incienso
21 rosas rojas

Preparación:

Después de limpiar la casa, ligue los ingredientes en un recipiente y riegue los días viernes y martes toda la casa, desde la puerta hacia adentro.

Luego encender tres varitas de incienso en triángulo y colocar 21 rosas rojas en un florero. Poner las plumas en la casa, dentro de un libro o en una gaveta para protección.

Baños de amor

Ingredientes:
Hierbas de cundiamor
Perfume pájaro macuá
Perfume Pompeya
Perfume de uso personal
Colonia
Esencia de almizcle
Jabón de canela
Sahumerio van van
7 velas rojas
14 velas astrales

Preparación:
Hervir las plantas luego colocarlas y agregarle las esencias en un frasco grande calculando para siete baños. Después de cada baño encender las velas rojas y las velas astrales.

La suya y la de él en forma de triángulo y en el medio el incensario con el incienso de van van repitiendo el siguiente encantamiento:

"Diosa Venus invocada para el poder, la paciencia y la bondad, trae hasta mi persona a (*nombre*) en espíritu, juicio, amor y voluntad de (*nombre de la persona que hace le ritual*). Arde y brilla vela, así como tú ardes, arde el amor de (*nombre*) hacia mí y así brillará mi presencia frente a él".

Baños de amor

Ingredientes:
1 cucharada de miel
3 rosas rojas
3 rosas blancas
3 rosas amarillas
Colonia Pompeya
Bouquet de novia
Esencia de almizcle
Miel
Jabón conquistador
Perfume
1 vela amarilla
Musk
Canela en polvo
Harina de maíz
Raíz de Adán y Eva
Ámbar
Azabache
Vetiver
Pachulí
Perfume uso personal

Preparación:

Hervir las rosas con la miel en un litro de agua, luego colar y agregarle las esencias. Hacer nueve baños ofrecidos a Ochún. Luego con una vela amarilla, miel, canela y harina de maíz, se prepara y se le pide protección a Ochún. Después en un frasco de boca ancha colocar las semillas de

Adán y Eva, bautizándola con el nombre de la persona del sexo opuesto que quiere conquistar y luego meta la de San Juan Conquistador invocándolo.

Proceda a colocar el resto de los ingredientes y prenda un triángulo de velas amarillas ofrecido a Ochún, preparadas con la receta de la miel, canela y harina de maíz, diciendo en cada vela:

"La Caridad y Jesús me acompañan, Caridad llama Sagrada, Caridad dicha del pobre, Caridad luz del cielo, escúchame por amor (se repite)".

Baños de amor

Ingredientes:
- 7 cogollos de verbena
- Ámbar gris en pasta
- Almizcle en aceite
- 3 rajas de canela
- 7 clavos de especia
- 7 rosas rojas
- 7 rosas rosas
- 1 puñado de menta
- 1 botella de vino
- 1 taza de miel de abeja

Preparación:

Sacar de la botella de vino una taza, para luego colocar en ésta los ingredientes, uno por uno, rezando o invocando sus deseos. Luego ponerla al sol y al sereno por tres días, y después usarlo para baños de atracción y de amor.

Baño de amor

Ingredientes:
5 rosas amarillas
5 granos de maíz amarillo
3 clavos de especia
3 rajitas de canela
1 cucharada de miel
Esencia de gota de amor
Esencia de atractivo
Esencia de amor
Esencia de pega-pega
Esencia de llamadera
Esencia de vencedora

Preparación:
Las rosas, el maíz, los clavos de especia y la canela se hierven en un recipiente por 1/2 hora aproximadamente, en un recipiente grande con agua, luego se deja enfriar y se liga con las esencias. Después del baño se enjuaga con el preparado por cinco días, invocando a la diosa Ochún y se enciende una vela con miel en su honor.

Baños de amor

Ingredientes:
1 velón rojo
3 rosas rojas
3 rosas blancas
3 rosas amarillas

1 jabón de amor
1 baño de Venus
Esencia de conquistador
Esencia de armonía
Esencia de paz
Esencia de amor
Esencia de pega-pega
Esencia de llamadera

Preparación:

En un frasco de litro colocar los pétalos de las rosas, luego el resto de los ingredientes, dándose con esto siete baños durante siete viernes.

Encienda la vela mientras se baña y al salir de éste, apague. En el último baño dejarla consumir.

Perfume de amor

Ingredientes:
Incienso conquistador
7 velas (4 rojas y 3 verdes)
Raíz de vetiver
21 hojas de verbena
Almizcle
Musk (aceite o polvo)
Colonia Pompeya
Pergamino
Tinta azul
Aceite de ámbar

Preparación:

Hervir la verbena o usar verbena en esencia con la colonia Pompeya para usarlo como baño por 21 días.

Luego con el almizcle en aceite, musk, raíz de vetiver y 21 hojas de verbena preparar el perfume.

En el pergamino se escribirá el nombre de la persona que se quiere atraer en tinta azul. En este pergamino se pondrá un poco de almizcle en polvo y de ámbar, luego se quemará al hacer la invocación del baño y del perfume. El día anterior se dejarán todos los ingredientes preparados. Antes de salir el sol se procede a hacer un círculo de velas rojas y verdes, intercaladas, y en el centro se colocará el incensario, la botella con el baño ya preparado y el frasco con el perfume; al encender las velas se dice:

"Estrella de Venus hermosa, estrella que has guiado a los Reyes Magos en su camino, guía los pasos de (*nombre*) hacia mí que me llamo (*nombre de la persona que hace el ritual*). Por las hierbas y aromas de amor, fuerza inmortal, que (*nombre*) sienta vuestra fuerza y aroma, y venga hasta mí lleno de amor y deseo. Flama de vela verde ofrecida a Venus por mi atracción y poder, haz que cuando llegue hasta mí esté bajo mi control, flama de vela roja y ardiente que la pasión de (*nombre*) hacia mí se desborde antes de que la última estrella se apague".

Luego en los carbones del incensario encendido quemar el pergamino envuelto con el almizcle y el ámbar, con el incienso conquistador, invocando el espíritu vivo, juicio, pensamiento y voluntad de la persona cuyo nombre está escrito en el pergamino y llamarlo tres veces por su nombre.

Baño de amor

Ingredientes:
Esencia de amor
Esencia de Afrodita
Esencia de atrayente
Esencia de "no me olvides"
Esencia de "ven a mí"
Esencia de "quiéreme"
Colonia Pompeya
Miel
Jabón
Pachulí
3 velas de color amarillo

Preparación:
Preparar el baño y ponerlo al sol y al sereno por tres días. Después de prepararlo con las esencias, se encienden las velas amarillas y se reza esta oración:

"¡Oh! Señor, todopoderoso y supremo hacedor del Universo, invoco en tu nombre al espíritu conquistador y a los espíritus benéficos para conjurar este baño para mi provecho; ayuda, amparo y protección que vos sois la firme áncora de mi esperanza, alcánzame la gracia y ayuda para cumplir mi destino. Que infiltren en mi alma y mi ánimo la energía para ser atractiva, tener paz, tranquilidad, sabiduría y quiten de mi camino todo obstáculo que en él haya. Amén".

Baño de amor

Ingredientes:
5 rosas amarillas
5 granos de maíz amarillo
3 clavos de especia
3 rajitas de canela
1 cucharada de miel
Concentrado de gota de amor
Esencia de atractivo
Esencia de amor
Esencia de pega-pega
Esencia de llamadera
Esencia de vencedora

Preparación:
En un recipiente grande con agua se hierven por una hora aproximadamente, las rosas, el maíz, clavos de especia y la canela; luego se deja enfriar y se liga con las esencias. Después del baño se enjuaga con el preparado por cinco días invocando a la diosa Ochún y se enciende una vela con miel en su honor.

Baño y perfume conquistador

Ingredientes:
Para el baño:
Baño conquistador
Esencia de atracción
Esencia de protección

Esencia de amor
Esencia de Pompeya
Esencia de girasol
Esencia de conquistador
Jabón conquistador
Spray conquistador

Para el perfume:
Perfume conquistador
Pachulí
Raíz de valeriana
Almizcle en polvo
Limadura de oro
Limadura de plata
Esencia de pega-pega
Esencia de Adán y Eva
1 vela
Azúcar

Preparación:
Rociar el clóset de su ropa con el spray conquistador y también su cama.

Enjabonarse primero con el jabón conquistador y luego sacarse el jabón con agua preparada con el baño de conquistador. Luego antes de salir del baño enjuagarse con las esencias preparadas. Usar después del baño el perfume preparado, con la siguiente oración, prendiendo una vela al lado del perfume:

"Oh, espíritu conquistador que por tu voluntad has llegado a la corte celestial, para socorrer a las personas que de ti necesitan y que a ti te invocan. Con tu ayuda conquistaré, con tus fluidos me beneficiaré y tú me bendecirás con el santo poder que Dios te ha dado y harás que todos por mí sean conquistados. Te ofrezco esta luz para que me ayudes en todo lo que te pido y que no haya mal pensamiento que hasta mí llegue y todo sea dulce atracción para mí y que vuestra divina gracia me cubra con su manto. Amén".

Rociar la ropa y la habitación con el spray conquistador.

Polvo para el amor

Ingredientes:
- 1 caja de talco
- 1 cucharada de canela en polvo
- 1 cucharada de almizcle en polvo
- 21 semillas de anís (molidas)
- 7 gotas de aceite de jazmín
- 27 gotas de aceite de Afrodita
- 7 gotas de aceite de rosas
- 7 gotas de aceite de verbena

Preparación:
Ligar todos los ingredientes en la caja con el talco y poner luego al sol y al sereno por siete días en época de luna llena.

Usar luego este talco como talco normal.

Polvo para el amor

Ingredientes:
1 caja de talco
9 gotas de aceite de jazmín
9 gotas de aceite de almizcle
9 gotas de aceite de rosas
9 gotas de aceite de pachulí
9 gotas de aceite de sándalo
1 cucharada de canela en polvo

Preparación:
Ligar todos los ingredientes y luego usarlo como talco normal.

Sortilegio siete nudos

Ingredientes:
Figura de San Antonio
Figura de Santa Marta
Pergamino
Bolsita de tela roja
Vaso con agua
1 plato
1 velón siete nudos
7 1/2 metros de cinta color rojo
Perfume personal
Esencia de verbena
Esencia de almizcle

Preparación:

Conjurar el velón de los siete nudos con la oración del secreto real.

Se toma una cinta o cordón, calculando que sea suficientemente largo, para que quepan en ésta siete nudos con distancia uno de otro, de aproximadamente cuatro dedos. Comenzando en la mitad de la cinta, donde se hará el primer nudo con una cruz ensartada y se dirá:

"Con este primer nudo amarro, rodeo y conjuro a (*nombre*) para que quede dentro del círculo cabalístico y encerrado a mi dominio, a la fuerza de mi voluntad y mi cariño".

Luego se procede a hacer el segundo nudo, se hará a la derecha y con la segunda cruz se dirá:

"Así como ato esta cruz en este nudo, se ligará la voluntad de (*nombre*) y (*nombre de la persona que hace el ritual*) y no habrá obra alguna, que no sea la mía, que pueda ir en contra".

Con el tercer nudo a la derecha y la tercera cruz:

"Con este nudo ato tu cariño y amor y lo sujeto firmemente al mío".

Cuarto nudo a la derecha con la figura de corazón diciendo:

"Tu corazón quedará firmemente sujeto al mío y nunca podrás apartar de tu mente la imagen de mi persona amorosa por donde quiera que estés o vayas, para que mi amor se vea cumplido como ahora lo mando y lo exijo por la fuerza de este sortilegio".

Para el quinto nudo, que debe ir a la izquierda, se ata la imagen de San Antonio y se dice:

"Con este quinto nudo aprisiono mi alma y pongo como mi defensor y escudero al Señor San Antonio bendito para que sea mi abogado y lo deseo con sinceridad, con justicia y con intención de amor, tus palabras, tus pensamientos, tus hechos, tus deseos serán siempre desde hoy, para mí. Por ello te obligo y te conjuro".

En el sexto nudo (se reza la oración a Santa Marta) y se amarra mientras tanto a la izquierda.

Seguidamente para el séptimo nudo, se colocarán las dos figuras con los nombres de los actuantes, diciendo:

"Así como junto estas dos figuras, así junto y conjuro los espíritus vivos, juicio, pensamiento y voluntad de (nombre) y (nombre de la persona que hace el ritual)".

Luego se procede a atar las dos puntas de la cinta y se debe decir:

"Tu amor es mío y con este nudo cerraré el círculo en que te encierro; dentro del círculo cabalístico que forma esta cinta mágica, estará circundado tu corazón, tu alma; tu persona quedará ligada a mi persona (*se dicen los nombres*) con los siete nudos del amor. Seremos desde hoy en adelante y para siempre el uno para el otro, y nada ni nadie podrá romper, interrumpir o quebrantar nuestra felicidad y unión".

En este último nudo, luego de haber atado los extremos de la cinta o cordón, se debe quitar y desechar lo sobrante de manera que quede un verdadero círculo.

Montar en el altar, a la derecha a Santa Marta y a la izquierda a San Antonio, frente a estas dos figuras poner un vaso con agua y el perfume personal.

En el plato colocar el velón siete nudos, el cual se debió haber encendido cuando se comenzaron a hacer los siete nudos en la cinta, rezando la oración del conjuro real, escribiendo en el pergamino los nombres de las personas que se quieren unir; doblado éste se pondrá debajo del vaso con agua y perfume personal, junto a los pies de los Santos. Luego que se termine el velón, la cinta junto con el sortilegio se pondrán dentro de la bolsita roja y se atará a los pies de la cama.

Con el vaso de agua se procederá a darse tres baños seguidos. Alumbrar las imágenes durante nueve viernes, una vela por día, diciendo la oración de San Antonio y Santa Marta.

Oración a San Antonio

"Oh, glorioso santo señor San Antonio, reverentemente suplico me concedas fortaleza para vencer el espíritu vivo, juicio, pensamiento y voluntad de (*nombre*), infiltra en mí la esperanza para que me dé paciencia para conquistar el amor, el corazón y la atención de (*nombre*).

"Oh, San Antonio, santo de los milagros, santo de la ayuda. Ayúdame a vencer, dominar y conquistar el espíritu vivo, juicio, pensamiento, voluntad y amor de (*nombre*).

"San Antonio Bendito intercede por mí, para que logre por vuestro auxilio lo que quiero alcanzar, que es la atención, amor, juicio, pensamiento, voluntad de (*nombre*). Amén".

Oración a Santa Marta

"Oh, gloriosa y bendita Santa Marta, te invoco en esta hora y en este momento, para que así como venciste las fieras que tienes a tus pies, así pueda yo vencer y dominar el espíritu vivo, juicio, pensamiento y voluntad de (*nombre*).

"Madre Santa Marta, concédeme que (*nombre*) no pueda estar, ni vivir hasta que a mis pies no venga a dar.

"Santa Marta Virgen, en el monte entraste y las fieras amansaste, así yo quiero que me ayudes a amansar el espíritu vivo, juicio, pensamiento y voluntad de (*nombre*), y así como en este conjuro cabalístico lo ato, así me ayudes a atarlo junto a mí. Amén".

Rezar tres Padrenuestro.

Para negocios

Ingredientes:

Para el riego:

Bergamota

Esencia de dinero

Esencia de oro

Esencia de plata

7 gotas de bálsamo del Perú

3 clases de licor

Agua de azahar

Mejorana

Magnolia

Benjuí

Heliotropo
Para el lavado:
Espíritu de jabón
Canela
Verbena
Cuerno de ciervo
Éter
Trementina
Albahaca
Ruda
Hierbabuena
Jabón azul
Para el sahumerio:
1 pastilla de alcanfor
Mirra
Estoraque
Incienso
Ámbar
Sándalo

Preparación:

Regar y poner canela en polvo, continuar barriéndola, antes de proceder a hacer la limpieza con las plantas: albahaca, ruda y hierbabuena hervidas. Agregar a esta agua, los ingredientes que están en el lavado y proceder a hacer la limpieza de dentro hacia afuera. Luego que haya hecho el lavado, enjuagar completamente con agua clara y proceder a hacer el riego, habiendo ligado los ingredientes en una botella, de la puerta para adentro. Al terminar de regar encender y pasar el sahumerio por el local y mientras se pasa éste, pasar el trapeador rezando esta oración de negocios:

"¡Oh, Júpiter grande y poderoso!, protector de la riqueza y de los negocios; traedme negocios y buenos clientes a mi establecimiento. Traedme plata, dinero y oro para mí, espíritus prósperos y sabios. Espíritus buenos de la naturaleza envíen hasta mí, amistades buenas y generosas. Compartid vuestra riqueza y diversión con nosotros (o conmigo). Que descienda sobre mi negocio, persona y hogar, la paz, fortuna y prosperidad, que la buena suerte siempre esté conmigo y me acompañe. Amén".

Todos los ingredientes, y por separado, deberán estar preparados tres días antes de comenzar a hacerlo, dejándolos guardados en un armario oscuro durante este tiempo, cada uno en su recipiente correspondiente. Por ejemplo los ingredientes del lavado irían en una cubeta, etc.

Para bendecir y despojar una casa

Ingredientes:

Canela en polvo

Agua bendita

21 velas de diferentes colores

1 riego para la casa

Incienso preparado con almizcle y ámbar

Pólvora

7 esencias preparadas

1 despojo de casa

Preparación:

Regar la canela en polvo en la casa mientras se reza la siguiente oración:

"Dios todopoderoso, pido permiso a ti, autor del valor, invencible rey y triunfador, siempre magnífico, que reprimes las fuerzas de la dominación adversa; que vences la maldad; que combates las infamias, te rogamos y pedimos que así como rociamos esta canela, santifiques con el rocío de tu piedad, poder y misericordia para que cualquier cosa que fuese con ella rociada con la invocación de tu santo nombre, se vea libre de cualquier mala influencia, trabajo material o espiritual que aquí se haya efectuado. En el nombre de la Santísima Trinidad + Padre + Hijo + Espíritu Santo + para todos pedimos Oh, Señor, tu misericordia, Amén".

Luego al hacer siete triángulos con las velas de colores se rezará la siguiente oración:

"Señor Jesús, hijo de Dios vivo, bendice estas velas, infúndeles por virtud de tu santo nombre y la santa cruz, la bendición celestial que diste para disipar las tinieblas, y reciban estos triángulos la bendición de la santa cruz".

Luego se hacen cruces de pólvora y se encienden para que exploten en las puertas y ventanas de la casa. Al terminarse las velas se procede a barrer toda la casa, se despegan los restos de las velas, se recogen y se tiran fuera de la casa y se lava con el despojo preparado diciendo:

"Recibamos auxilio en el nombre del Señor que hizo el cielo y la tierra. Señor, atiende mi súplica y mi oración y que ambas lleguen a ti, el Señor esté con nosotros".

Al terminar de lavar la casa completamente, se encenderá carbón para quemar el incienso y mientras se quema se hará el riego con las esencias, el agua bendita y el riego preparado para prosperidad y protección de la casa.

"Bendice + Señor Dios omnipotente esta casa (o lugar) para que haya en ella salud, bienestar, prosperidad, sabiduría, paz, virtud, plenitud de ley y acción de gracia al Dios Padre + Dios Hijo + Dios Espíritu Santo + y que esta bendición permanezca en este lugar y en todas las personas que aquí habitan ahora y siempre. Dios padre omnipotente encarecidamente rogamos por esta casa y sus habitantes, para que los dignes al bendecirlos y protegerlos y santificarlos con toda clase de bienes. Dales, Señor, la abundancia, así como los dignaste al bendecir la casa de Abraham, Isaac y Jacob y que en esta casa residan para la protección de ella y sus moradores los ángeles de luz. Amén".

Despojo o riego

Ingredientes:
- Albahaca
- Ruda
- Hierbaluisa (poleo)
- Agua bendita
- Agua florida
- Agua de azahar
- Agua divina
- 1 pastilla de alcanfor
- Esencia de menta
- Pólvora
- Canela en polvo
- Sahumerio
- Azúcar

Preparación:

Esta preparación se usa para quitar la mala suerte, malas influencias, personas envidiosas y para atraer la buena suerte y a los espíritus protectores. Todo a la vez.

Hacer cruces de pólvora en puertas y ventanas (piso) del sitio que se va a despojar. Luego rezar y barrer la canela en polvo hacia afuera. La ruda, hierbaluisa, albahaca (1/2 paquete de cada una) se meterán dentro del recipiente donde se va a preparar con el resto de las esencias, la pastilla de alcanfor, azúcar y el agua bendita. Se procede a ponerlo durante cinco días al sol y sereno antes de empezar a usarlo. Se debe poner sahumerio para conjurar este baño, haciendo la siguiente invocación:

"Yo (*nombre del que hace la petición*) en el nombre del gran poder invoco, en ésta, la Santa Cruz (bendecir con la cruz el recipiente donde está preparado el baño) donde murió Nuestro Señor para protegerme de toda clase de males.

"Padre San Silvestre, Monte Mayor; te ruego liberes mi cuerpo, mi casa, de todo malhechor, brujo, hechicero, de hombre y mujeres de mal vivir, de todo lo malo que deseen para mí y mis familiares. Líbrame de mis enemigos visibles e invisibles y que no me puedan vencer. En el nombre del Sagrado Corazón de Jesús pido que este azúcar que contiene, endulce mi porvenir y el de mi familia. Pido en nombre de Santa Teresa de Jesús que al colocar el albahaca se espante todo lo malo que haya en mi casa, mi persona y mi familia".

Para el incienso:
Ámbar
Almizcle en polvo

Incienso
Estoraque
Mirra
21 gotas de aceite de sándalo
21 gotas de extracto de canela

Este incienso se debe pasar por toda la casa.

Limpieza de casa

Ingredientes:
Pólvora
Canela
Espíritu de jabón
Asafétida
Mejorana
Cuerno de ciervo

Preparación:
Hervir las plantas, canela, mejorana y luego de bajarla del fuego, colarlas. Agregarle el resto de los ingredientes. Con esto se limpia la casa desde el fondo hacia la puerta principal. Con anterioridad poner cruces de pólvora en puertas y ventanas y encenderlas.

Para el enjuague:
Agua florida
Agua divina
Agua de azahar
Agua kananga
Agua rosa
Colonia

Para el sahumerio:
Alcanfor en polvo
Incienso
Estoraque
Mirra
Almizcle en polvo
Alucema
Romero
Polvo destrancadera
Polvo suerte rápida
Laurel

Preparación:
Luego de enjuagar la casa con agua normal, en el último enjuague, poner las esencias que están marcadas para enjuague y luego desahumar la casa rezando esta oración:

"Invoco con este santo sahumerio al gran poder de Dios, a los espíritus benéficos, a San Miguel, a San Pablo, a la Reina María Lionza; reina poderosa de Sorte, a la Corte India, a la Corte Negra, espíritu de luz. Para pedir protección, prosperidad, salud y sabiduría; para que me guíen y protejan y los obstáculos de mi camino sean apartados y que se dignen guardar los alrededores de mi casa, contra la envidia y la mala fe. Amén".

Lavado para la casa y riego

Ingredientes:
Lechuga
Berro
Alpiste
Mejorana
3 flores amarillas
Flor de azufre
Espíritu de jabón
Canela en polvo
Pólvora

Para el riego:
Esencia de destrancadera
Esencia de "abre caminos"
Esencia de llamadera
Esencia de dinero
Esencia de oro
Esencia de plata
Esencia de armonía

Preparación:

Poner cruces de pólvora y quemarla (en las puertas y ventanas). Regar canela y barrerla hacia afuera, recogiéndola luego en un periódico y tirándola lejos de la casa.

Hervir todos los ingredientes: lechuga, berro, alpiste, mejorana, tres flores amarillas, flor de azufre y espíritu de jabón.

Al lavar la casa después de haber quemado las cruces de pólvora y de haber regado la canela es importante destacar que si vive en apartamento debe recogerla en un periódico, pero si vive en casa sólo barrerla hacia afuera, a la calle. Luego con las ramas y el espíritu de jabón, lavar la casa con este preparado, proseguir con las esencias a regar la casa.

Ponga en la casa doce varitas de incienso, ofrecidas a los doce santos auxiliares, rezar el Salmo 57 y poner rosas rojas, las que al marchitarse o tostarse deberán ser tiradas fuera de la casa y colocar nuevas flores.

Riegos de suerte

Ingredientes:
1 cucharada de licor
Varitas de incienso
3 clases de cereales:
Arroz
Maíz
Trigo
7 flores de lechuga
Espíritu de jabón
21 granos de incienso
7 ramas de berro
Colonia Pompeya
Agua florida
Esencia de llamadera
Esencia de plata
Esencia de oro
Esencia de dinero
Esencia de benjuí

Esencia de mirra
7 ramas de apio

Preparación:

Se hierven las tres clases de cereales junto con la lechuga, el apio blanco, el berro y los 21 granos de incienso luego se cuelan y se le agregan el espíritu de jabón, con esto se lava la casa desde dentro hacia afuera, proceda a enjuagar con agua natural. Luego con las esencias preparadas con el licor, hacer un riego de la puerta hacia dentro, préndales doce varitas de incienso a los doce santos auxiliares, rezando el Salmo 4 y 61, que son los Salmos para tener buena suerte.

Riego de casas

Ingredientes:

7 rosas rojas
Esencia de hierbabuena
Esencia de romero
Esencia de almizcle
Esencia de verbena
Esencia de imán
Esencia de oro
Esencia de plata
1 vela
7 cintas de diferentes colores formando un cordón

Preparación:

En un recipiente hierva las siete rosas con agua clara y al enfriarse agregue las esencias, luego frente a una imagen que represente las siete potencias africanas se coloca la vela, y el preparado, alrededor de este recipiente se atará el cordón; rezar la oración a las siete potencias. Al terminarse la vela se usará este preparado para limpiar la casa o bañarse. El cordón se pondrá colgado detrás de una puerta como protección o en el altar, si lo tiene.

Rezar un Padrenuestro y un Avemaría.

Riego especial de casa

Ingredientes:
Agua bendita
7 gotas de petróleo
Esencia Pompeya
Esencia de ruda
Esencia de destrancadera
Esencia de llamadera
Esencia de pega-pega
Esencia de dinero
Esencia de oro
Esencia de plata
Sahumerio "siete potencias"
1 velón "siete potencias"
Azúcar
Azufre

Preparación:
Se limpia la casa primero, luego se riega y se pasa el trapeador, dejando este riego puesto en el piso. Poner el sahumerio de siete potencias y un velón siete potencias sobre una cruz de azúcar y azufre.

Para negocio

Ingredientes:
Baño Juan del Dinero
1/4 de licor de caña
Esencia Pompeya
Perfume tabú o lavanda
Esencia de dinero
Esencia de oro
Esencia de plata
Jabón del dinero
1 vela plateada
Incienso de destrancadera
Incienso de negocios
Incienso de suerte rápida
Alcanfor
3 flores amarillas
1 pizca de azufre

Preparación:
En una botella grande colocar los pétalos de la flores amarillas, la pompeya, perfume tabú (*si es mujer*) y lavanda (*si es hombre*), esencia de dinero, de oro, de plata. Poner todo al sol del mediodía y decir varias veces la palabra "Sorutri" por tres veces. Luego lo usa hasta que se termine, poner incienso de destrancadera, negocios, dinero, suerte rápida, alcanfor y una pizca de azufre; ligado esto, proceder a desahumar la casa mientras se esté dando los baños, rezando la oración de dinero al prender la vela plateada ofrecida a Don Juan del Dinero.

Despojo para la casa antes de mudarse

Ingredientes:
Para la limpieza:
9 limones
Éter
Cuerno de ciervo
Hiel de ganado
Jabón azul
Sal de higuera
1 par de guantes
1 escoba de popotillo
Para el enjuague:
Colonia Pompeya
Esencia de mejorana
Esencia de dinero
Esencia de "abre caminos"
Esencia de destrancadera
Esencia de buena suerte
Colonia
Para el sahumerio:
Mirra
Incienso
Estoraque
Canela
Almizcle
Romero

Preparación:

Usar los guantes para la primera limpieza.

Hervir el jabón azul con la sal de higuera, siete limones y la hiel de ganado. Se baja del fuego, se decanta, se le agrega el éter y el cuerno de ciervo. Poniéndose los guantes se moja la escoba con la preparación y se procede a limpiar la casa, empezando por el fondo hacia la puerta de la casa, limpiando también las paredes. Luego el agua que queda regarla en el piso, escurrir y enjuagar con abundante agua clara, cuando esté bien enjuagado y sin restos del despojo. Se riega con el frasco donde se ha preparado el enjuague procediendo de la puerta de la calle hacia adentro, pasar un trapeador limpio para evitar las manchas en el piso y encender los carbones procediendo luego a pasar el incienso, rezando la siguiente oración:

"Casa de Jerusalén donde Jesucristo entró, el mal del punto salió entrando a la vez el bien, te pido también Jesús que el mal se vaya de aquí entrando el bien para mí. Amén".

Para atraer y dominar

Ingredientes:

1 velón

5 clavos de especia

1 cinta roja

Azúcar

Bálsamo tranquilo

Aceite de atracción

Esencia gota de amor

Baño de amor
Jabón de dominio
Para el baño:
Esencia de almizcle
Esencia de verbena
Esencia de ámbar gris
Esencia de dominio

Preparación:

Antes de hacer este trabajo, deberá empezar a darse baños de amor con jabón de dominio para acrecentar el poder de su mente alternados con baños preparados con las esencias que se mencionan arriba, el perfume se prepara con unas gotas esencia gota de amor y de atracción. El resto de los ingredientes se dejará para el velón.

Tomar el velón y escribirle el nombre de la persona a la que se le va a ofrecer este velón, en cruz con los clavos en especia marcar esta cruz. Luego amarrar el velón con la cinta roja diciendo:

"No es un velón lo que ato, son los pasos de (*nombre*) hacia mí".

Luego sobarlo con el resto de los ingredientes mientras se reza la siguiente oración:

(Al lado del velón poner una copa con agua y azúcar para endulzar a la persona que se le hace el trabajo).

"Ánima sola, tú que eres una alma sola, triste y abandonada, como estoy yo. En este momento me apego a ti con fe para que me ayudes a no estar como tú. Obliga a (*nombre*) a venir a mi lado, San Cipriano que eres un hechicero, ayúdame y dame la fuerza para conjurar el espíritu vivo, juicio, pensamiento y voluntad en la persona de (*nombre*) para que sólo piense en mí, a San Marcos de León, que amansó al dragón para que amanse a (*nombre*), a la poderosa Santa Elena que ablanda los corazones crueles para que me traiga a (*nombre*) a mi lado, manso y humilde como llegó Jesús a la presencia de Pilatos. Que yo os ofrezco encenderle una vela al finalizar el trabajo durante siete lunes a las doce de la noche, rezándoles tres Padrenuestro a cada uno, tres Ave maría y un Credo; y por Jesús, María y José líbrenme de todo mal y aparten de mí todo lo que me perjudique. Amén".

Rituales de magia "negra"

Ritual para alejar

Ingredientes:

1 frasco marrón
Pimienta blanca
Pimienta negra
3 corchos
9 alfileres
Jugo de siete limones
Pergamino
1 taza de leche

Preparación:

En un frasco de boca ancha marrón meter todos los ingredientes, luego en el pergamino picar tres tiras y en ellas escribir el nombre de la persona que se quiere alejar. Enrollar cada tira alrededor de cada corcho con uno de los tres alfileres a utilizar, atravesando el nombre de la persona. Luego que hayan metido los corchos en el frasco, se tapa y se arroja a una corriente de agua diciendo:

"Como te lleve el mar en sus aguas, esta botella se lleva para siempre de este sitio (*se nombra el sitio donde se quiere alejar a la persona*) y que no regrese jamás".

Ritual para alejar

Ingredientes:

Pergamino
1 vela hombre
1 vela mujer
2 velones colores diferentes
2 velas crucifijo
3 tazas sal
42 velas negras
1 vaso
Leche
1 limón
Asafétida
Manteca de culebra

Preparación:

Este altar de separación se coloca en un rincón, en este se ponen los dos velones preparados con la manteca o aceite de culebra y la asafétida con los nombres de cada uno de los representados en las velas, escritos de arriba hacia abajo. Delante de estos velones se coloca el vaso con los nombres de las personas que se quieren separar y luego se le echa la leche, la asafétida y el limón diciendo:

"Así como se corta esta leche, así se corten las relaciones entre (*nombre*) y (*nombre de la persona que hace el ritual*)".

Con la sal y a unos 40 cm. del rincón se hace un camino y se colocan las dos figuras de espalda. A medida que se van separando dos dedos aproximadamente cada día, a cada lado se encienden las velas negras una de cada lado del camino, mientras se reza la oración del "odio", al llegar las velas de figura al final, es decir, de cara a la pared, encender todas las velas y al terminar, se arroja todo en un río.

Ritual para alejar

Ingredientes:
   1 trozo de carbón
   13 pelos de gato
   3 plumas de paloma
   Polvos de voladora
   Polvos de correlona
   Esencia de San Alejo
   Esencia de San Benito
   Esencia de correlona
   Pimienta negra

Preparación:
Las plumas de paloma y los pelos de gato quémelos en el carbón, esta ceniza que queda líguela con los polvo de voladora, los polvos de correlona y la pimienta molida. Agregue las esencias y encomiéndela para sacar a la persona que se quiere correr. Riéguelo en la puerta diciendo:

"Aléjate de mi senda (*nombre*), busca otro camino. Cristo Paz, Paz Cristo".

Ritual para alejar

Ingredientes:
Polvos de voladora
Pelos de gato
Pimienta en polvo
Cáscara de limón
3 plumas de gallo
1 trozo de pan
Pergamino
3 alfileres
1 coco

Preparación:
En el pergamino escribir el nombre de la persona que se quiere alejar y se mete dentro del coco, el cual se habrá destapado por la parte superior. Se colocan todos los ingredientes dentro invocando al espíritu del caminante con la oración y luego arrojar este coco en un río o el mar. Antes sellarlo con corcho y vela derretida.

Ritual para alejar

Ingredientes:
1 cinta azul o rosada
Perejil
Orégano molido
Tierra molida de un avispero
Carbón de piedra (molido)
Cascarilla
Polvos de voladora

Preparación:

Con una cinta se miden aproximadamente la medida de los pies de la persona que se quiere alejar. Se quema la tierra del avispero, luego con el resto de los ingredientes se coloca en una vasija de barro. En la primera oportunidad que la persona a quien queremos alejar, pase cerca, se le regará con sus huellas este polvo y se barrerá hacia la calle. Luego, se arrojará al piso la cazuela para que se rompa por donde se barrió anteriormente.

Ritual para alejar

Ingredientes:
   Carbón vegetal
   Plumas de gallo
   Flor amarilla (cualquier flor amarilla)
   Hojas de albahaca
   Polvos de voladora
   Polvo de la calle
   Cáscara de limón
   Sal

Preparación:
Convierta todo en ceniza y riéguelo en la puerta de la calle de la persona que se quiere alejar.

Ritual para alejar

Ingredientes:
   1 medalla de San Benito
   Polvos de voladora

7 alfileres
Sal en grano
3 granos de maíz amarillo
1 trozo de tela roja
3 flores blancas

Preparación:

Envuelva todo con la tela roja y arrójelo con fuerza a la puerta de la persona que no se desea como vecino repitiendo esta frase:

"Vete, vete para siempre en nombre de San Benito".

Ritual para alejar un mal vecino

Ingredientes:

1 medalla de San Benito
Hilo rojo
1 trocito de carne
1 trocito de pescado
1 trocito de pollo
7 granos de pimienta
Polvos de voladora
Vinagre

Preparación:

Se envuelve la medalla con los tres tipos de carne y se amarra con el hilo rojo, se muele la pimienta y se liga con la voladora y el vinagre. Póngalo al sol un día y luego tírelo a la puerta del mal vecino. A los pocos días se mudará.

Ritual para alejar

Ingredientes:
1 cinta negra
Pergamino
Sal en grano
Aceite de correlona
1 huevo
1 cazuela de barro
1 veladora

Preparación:
En un trozo pequeño de pergamino escriba el nombre de la persona que se quiere alejar y el de San Benito, frótelo con sal en grano y aceite de correlona, luego a un huevo ábrale un huequito en la parte superior e introduzca el pergamino enrollado dentro, tapar el hueco con cera derretida. Crúcelo en cuatro con una cinta negra, colóquelo en una cazuela de barro y riegue encima el resto del aceite, después lo arroja al agua de río o de mar, repitiendo estas palabras:

"Así como este huevo se aleja en la corriente, que se aleje (*nombre*) para siempre, San Benito aleja a (*nombre*) lejos de mí, así sea".

Luego cuando la persona se haya ido, prenderle una veladora a San Benito en la iglesia durante tres miércoles seguidos dándole las gracias, de igual forma dar una limosna.

Ritual para alejar

Ingredientes:
- Polvos de correlona
- Ceniza de tabaco
- Polvos de voladora
- Cascarilla
- 2 plumas de paloma o de gallo quebradas
- Pergamino con el nombre de la persona

Preparación:

Convierta todo esto en ceniza y cuando esté lloviendo tire este polvo al agua que corre, repitiendo tres veces esta frase:

"San Alejo Bendito, así como alejo con esta agua que se lleva esta ceniza, que se vaya de mi camino (*se dice el nombre de la persona que se quiere alejar*)".

Despojarse luego con baños sagrados y jabón mano poderosa.

Ritual para alejar

Ingredientes:
- Polvos de correlona
- Polvos de voladora
- Cáscara de ajo
- Una media de la persona que se quiere alejar
- Trozo de ropa íntima de la persona
- Carbón vegetal

Preparación:

Todo esto se reduce a ceniza y se encomienda a San Alejo rezando su oración y se arroja en un cruce de caminos.

Ritual para alejar a un vecino

Ingredientes:
Sal negra
Orégano
Pelos de gato
Pimienta en polvo
Polvo de voladora
Polvo de correlona
2 plumas de paloma
Polvos pica-pica

Preparación:

Todo se reduce a cenizas con el carbón vegetal y se le pone en la puerta a la persona que se quiere alejar. (Los polvos pica-pica no se tocan con las manos).

Ritual para alejar

Ingredientes:
Carbón vegetal
Plumas de gallo rojo
Flor amarilla (cualquiera)
Hojas de albahaca seca
Polvos de voladora
Polvos de correlona

Cáscara de limón
Sal negra

Preparación:

Convierta todo en ceniza y riéguelo en la puerta de la calle de la persona que se desea alejar invocando a San Benito.

Ritual para alejar a un mal vecino

Ingredientes:

1 medalla de San Benito
7 alfileres
3 granos de maíz amarillo
3 flores blancas
Polvos de voladora
Sal en grano
1 trozo de tela roja

Preparación:

Con todos los elementos haga un envoltorio con el pedazo de tela roja, ciérrelo con los alfileres y arrójelo con fuerza a la puerta de la persona que no se desea como vecino, repitiendo esta frase:

"Si vas a seguir haciendo daño te ordeno Vete, vete, vete, para siempre en nombre de San Benito. (*Se dice el nombre del que se quiere alejar*)".

Ritual para alejar

Ingredientes:
1 escobita
1 medalla de San Benito
1 medalla de San Alejo
Sal en grano
Sal negra
1 bolsa de tela negra

Preparación:

Antes de meter los ingredientes en la bolsa de tela negra, se hace la petición a San Alejo y a San Benito. Al meter todo en la bolsa, ésta se amarra y se tira en la puerta de la persona que se quiere alejar, se dice:

"Sal sagrada, sal bendita, sal voladora que salga de aquí como sale la babosa del jardín al ponerle sal".

Luego cuando se muda la persona se le prende una vela a San Benito y a San Alejo agradeciendo el favor recibido y se carga una medalla de protección o una estampa.

Ritual para alejar

Ingredientes:
1 coco
Manteca de cacao
Cascarilla
1 cazuela de barro
1 vela
Aguardiente

Preparación:

Meter dentro del coco, el nombre de la persona que se quiere alejar, escrito en papel. Tapar el hueco sin haberle sacado el agua. Con la manteca de cacao, escribir por fuera el nombre con la cascarilla, poner el coco en la cazuela de barro, mientras se prende una vela blanca, se sopla el coco con aguardiente. Al terminarse la vela, el coco se pone en un cruce de caminos y allí se deja.

Ritual para alejar a una persona

Ingredientes:

1 candado nuevo que sea hueco
Pergamino
Jabón azul
Polvos de voladora
Polvos de víbora

Preparación:

Se cortan tres tiritas del pergamino y en éstas se escribe el nombre de la persona a la que se quiere alejar. La voladora en polvo y los polvos de víbora se introducen en el candado y luego se tapan con el jabón azul.

Luego se va a la orilla de un río o del mar y se invoca al espíritu del caminante diciendo:

"Espíritu del caminante, no quiero hacerle mal a (*nombre*), ni que se atrase, sólo quiero espíritu del caminante que se aleje de mi casa, que nunca vea este candado que le cierra el camino a mi casa".

Luego se arroja el candado al mar, se camina por la orilla del mar veinte pasos y se tiran las llaves y se dice:

"Espíritu del caminante, que (*nombre*) nunca encuentre estas llaves para abrir ese candado que le cierra las puertas de mi casa, aléjalo".

Luego se aleja del mar sin voltear hacia atrás.

Ritual para alejar

Si la persona que se quiere alejar vive en la casa hacer este ritual: ate con un nudo medio metro de cinta negra, amarre una pluma de paloma en cada extremo de la cinta; deje caer unas gotas de perfume de la persona que se va a correr. Mantenga esto por espacio de dos viernes debajo del colchón donde la persona duerme; al tercer viernes, tírelo en un río o al mar, repitiendo estas palabras:

"Como llegaste vete (*nombre*) y que no te vuelva a ver más en mi vida, aléjalo San Alejo de mi camino. Amén".

Para hacer mudar a un mal vecino

Ingredientes:
   3 velas negras
   1 cajita de manteca de tigre
   9 granos de pimienta

Preparación:

Prepare las tres velas con los ingredientes, antes de hacer la invocación luego ponga con estas velas un triángulo y recite la oración:

"Oh fuerzas infernales del averno, yo (*nombre de la persona que hace el conjuro*), sin Dios y sin Santa María, recurro a vosotros para que me atormentes a (*nombre*) de noche y de día para que salga de la casa que ocupa, desesperado y enloquecido.

"Invoco a Don Juan del Desespero (encienda la primera vela), para que desespere a (*nombre*) invoco a Don Juan de los Tormentos, (encienda la segunda vela) para que atormente a (*nombre*), invoco a San Alejo, para que aleje a (*nombre*) (encienda la tercera vela)".

La persona que hace la invocación debe estar desnuda y descalza. Este conjuro se hace a la media noche de un viernes para amanecer el sábado.

Ritual para hacer que se marche una persona

Ingredientes:

3 trozos de carbón
1 margarita
3 hojas de laurel
2 plumas de paloma
1 trozo de la ropa de la persona
Polvos pica-pica
Pergamino (con el nombre de la persona)

Preparación:

Todo esto se vuelve ceniza, quemándolo con carbón vegetal y se sopla en la calle rezando esta oración a San Benito:

"Glorioso San Benito mío, tú que tienes el poder de alejar todo lo malo que rodea a los escogidos del Señor, te pido que alejes a (*nombre*) de mí. Aleja a todo el que venga a hacerme daño".

Para hacer que se marche una persona

Ingredientes:
- 3 carbones
- 1 margarita
- 3 hojas de laurel
- Polvos pica-pica
- 1 pluma de paloma
- Trozo de ropa de la persona
- Tierra de la calle

Preparación:

Todo esto se vuelve ceniza con carbón y se sopla en la calle, rezando esta oración a San Alejo:

"Glorioso San Alejo, tú que tienes el poder de alejar todo lo malo que rodea a los escogidos del Señor: Te pido que alejes a (*nombre*) de mí. Aleja a todo lo que venga a hacerme daño".

Ritual para separar

Ingredientes:
- 1 velón de tres colores
- 1 jabón en barra
- Chile de árbol
- Jugo de limón
- Pimienta negra molida
- Polvos de voladora
- Asafétida

Azufre
Leche

Preparación:
En el velón de tres colores poner en el primer color el nombre de una de las dos personas, el color del medio se conjura con la oración del espíritu del odio de la separación y en el tercer color el nombre de la segunda persona que se quiere separar. Derretir el jabón y ligarlo con los otros ingredientes. Con esto bañar el velón, prenderlo mientras se reza la oración al espíritu del odio y la separación. Se prende dentro de una lata.

Ritual para separar

Ingredientes:
2 corchos
2 tiras de pergamino
6 alfileres
Tinta china
Leche
1 limón
1 mata de verdolaga

Preparación:
Dentro de un frasco de boca ancha se coloca la mata de verdolaga. En las tiras de pergamino se escriben con tinta china los nombres de las personas que se quieren separar y se enrollan en los corchos, fijando las tiras de pergamino con los alfileres al corcho. Luego se colocan dentro del frasco donde estará colocada la verdolaga, se le agrega la leche, el jugo de limón y se tapa. Se dice:

"Así como se corta la leche se cortará la amistad entre (*nombre*) y (nombre de la persona que hace el ritual), y así como muere la mata de verdolaga así morirá el amor entre (*nombre*) y (*nombre*)".

Luego el frasco se entierra debajo de un árbol donde no le dé el sol.

Ritual para separar

Ingredientes:
  Pimienta negra
  Pimienta blanca
  1 pluma de paloma
  1 pluma de gallina
  1 pluma de pato
  Pergamino
  Hilo negro

Preparación:
Se escribe el nombre de las personas que se quieren separar, uno por cada cara del pergamino. Se ponen todos los ingredientes envueltos en el pergamino, amarrándolos, luego se quema en carbón. La ceniza que queda se tira a la puerta de la calle de las personas que se quieren separar, rezando la oración de San Juan Trastornado.

Hechizo para separar

Ingredientes:
  Pergamino
  7 plumas de paloma

7 granos de pimienta negra
7 granos de pimienta blanca
1 velón negro
1/2 metro de cinta negra
1 flor amarilla
7 granos de sal
Manteca de tigre o culebra

Preparación:

Se muelen las pimientas con la sal, se pican las plumas y se junta todo esto con la sal. Se escribe en el pergamino los nombres de las personas que se quieren separar. Ligue los ingredientes ya molidos y con esto se unta el velón. Luego el pergamino se amarra con la cinta negra, y la flor amarilla se mete entre la cinta y el pergamino por el tallo. Al encender el velón se dice:

"Así como se quema este velón que desaparezca la amistad y el afecto entre (*nombre*) y (*nombre*), así como se marchita esta flor, se marchite la comunicación y el amor entre (*nombre*) y (*nombre*)".

Luego al terminarse el velón se pondrá lo que quede, lo más cerca posible a la puerta de la casa de las personas a las que se quiere separar y a las cuales se les invocó este hechizo.

Conjuro para separar a dos personas

Ingredientes:

2 figuras negras de hombre y mujer
Polvos de odio
Polvos de "sal pa'fuera"

Polvos de zorra
Polvos de voladora
1 vela de cebo
Sal

Preparación:

Se derrite la vela de cebo y se agregan el resto de los ingredientes.

En las velas de figura se escriben los nombres de las personas que se quieren separar, luego se bañan con el cebo preparado, rezando la oración del odio:

"Ofrezco e invoco esta oración del espíritu del odio al Ángel de la Guarda de (*nombre*) y (*nombre*), para que infunda en estas personas, odio y separación y haga que nazca en cada uno de ellos, odio mortal y que jamás pueda el uno recordar el nombre del otro sin sentir odio; que los olores que compartieron juntos sean repugnantes para (*nombre*) y (*nombre*); que los momentos que compartieron sean desagradables, que si se encuentran no se vean y si se hablan no se entiendan. Invoco al espíritu del camino para que separe las rutas de (*nombre*) y (*nombre*). Amén".

Las dos velas de figura, previamente preparadas, se ponen espalda con espalda, y con la sal se hace un camino donde irán esas figuras caminando para separarlas. Se prenden durante un minuto mientras que en el camino de sal se separan, poco a poco, día a día. Por último se apagan.

El ritual se repite todas las noches durante siete días, separando las velas una pulgada aproximadamente, una de la otra, cada noche, usando la oración del odio. La última de las siete noches se permite que las velas ardan totalmente.

La persona que ejecute este ritual identificará las figuras todas las noches mientras dure el ritual diciendo en voz alta los nombres de las personas que se quieren separar, luego al terminar el trabajo, lo que quede de las velas se tirará en una corriente de agua.

Trabajo para separación

Ingredientes:
Sal en grano
Tinta negra china
3 velas negras
Chile en polvo
Aceite de voladora
Pimienta
Pergamino
1 vaso
Vinagre
Aceite de confusión
Polvos de voladora
Mechero

Preparación:
Se escriben las velas con el nombre de las personas que se quieren separar. En el pergamino se escriben los nombres de las personas y el nombre de "Tirano" de manera intercalada (todo esto se hace con la tinta china negra). En el vaso se hace la preparación metiendo el pergamino doblado y escrito, luego la sal en grano y por último el resto de los ingredientes. Con esta preparación se bañarán las velas que se prenderán los lunes en triángulo alrededor del vaso con la preparación diciendo:

"Ofrezco esta primera vela al espíritu desencadenado de Tirano para tiranizar y mortificar a (*nombre*) y a (*nombre*) cuando estén juntos.

"Ofrezco esta segunda vela al espíritu vivo, juicio, pensamiento y voluntad de (*nombre*) para que mortifique y tiranice a (*nombre*).

"Ofrezco esta tercera vela al espíritu vivo de la otra persona con el mismo fin y ofrecimiento".

Hechizo para pelea

Ingredientes:
   1 velón
   1 vaso para el velón
   Pimienta negra
   Pimienta blanca
   Chile en polvo
   Negro humo o carbón molido
   Azogue
   Manteca de cerdo
   Aceite de aburridera
   Aceite de separación
   Aceite de correlona

Preparación:

Se escribe el nombre de las dos personas en el velón en forma de cruz, luego se hacen tres agujeros en la parte alta del velón (cerca de la mecha), formando un triángulo y se rellena con azogue. Luego en la grasa de cerdo se mezclan las pimientas y los aceites. Riegue el velón puesto dentro del envase y rece esta oración:

"Ofrezco este velón al espíritu vivo, juicio, pensamiento de (*nombre*) y (*nombre*) para que no puedan estar juntos, ni hablar, ni en mesa sentarse, ni en cama dormir. Si están juntos que el odio entre (*nombre*) y (nombre) sea eterno. Así sea".

Rezar posteriormente la oración del odio. Luego al terminarse el velón se arroja en un río.

Hechizo para pelear

Ingredientes:
1 flor roja
1 velón negro
1 cinta roja
1 cucharada de pólvora
Pergamino
Azufre
Manteca de cerdo

Preparación:
Escoja la rosa aún estando fresca y colóquela al pie del velón, atando luego con la cinta un pergamino con la petición.

Prepare la manteca de cerdo con el azufre y la pólvora, y cuando esté tibia, el velón que estará pegado a un plato, deberá bañarse sin mojar la mecha. Después se escribe en el velón en sentido contrario los nombres de las personas que se quieren separar. Luego se enciende y se dicen las siguientes palabras.

"Que como esta flor se marchita se vea la amistad y el cariño de (*nombre*) y (*nombre*) que tantos sufrimientos han causado al mío (se repite 7 veces)".

Luego se apaga el velón y con todo se tira en la puerta de la persona encomendada.

Si se quiere que haya tragedia, entonces agregarle tierra de una tumba, la cual hay que comprar nombrando a la persona a la que se le va a poner.

Para romper la amistad entre dos personas

Ingredientes:
1 plato de peltre
Azogue
1 velón blanco
Sal en grano
Cubitos de hielo

Preparación:

Se toma el velón y se hacen 33 huecos de arriba hacia abajo, alrededor del velón. Trece se rellenan con azogue y veinte con sal en grano. En la parte de abajo y en la parte de arriba se escriben los nombres, luego se encomienda al espíritu intranquilo y se prende, después de cinco minutos se voltea el velón, se prende al revés en el plato de peltre y se le agrega el hielo y el azufre. Al voltear la vela se dice:

"Así como volteo este velón así se volteen los pensamientos y relaciones entre (*nombre*) y (*nombre*)".

Al poner el hielo en el plato de peltre se invoca al espíritu del imperio helado y se dice:

"Así como es frío este hielo, así se enfríen los pensamientos y relaciones entre (*nombre*) y (*nombre*)".

Cuando se prende la vela al revés se dice:

"Ofrezco esta luz al espíritu del imperio helado para conjurarlo y acompañe a (*nombre*) y (*nombre*) donde quiera que se encuentren".

Este trabajo se realiza después de las diez de la noche.

Oración del odio

"Ofrezco e invoco esta oración del espíritu del odio al Ángel de la Guarda de (*nombre*) y (*nombre*), para que infunda en estas personas, odio y separación y haga que nazca en cada uno de ellos, odio mortal y que jamás pueda el uno recordar el nombre del otro sin sentir odio; que los olores que compartieron juntos sean repugnantes para (*nombre*) y (*nombre*); que los momentos que compartieron sean desagradables, que si se encuentran no se vean y si se hablan no se entiendan. Invoco al espíritu del camino para que separe las rutas de (*nombre*) y (*nombre*). Amén".

Para esta oración se utilizan velas-figura colocadas de espaldas. En medio de las espaldas de ambas se coloca una vela negra con los ingredientes que se usan en el ritual. Después de encendida la vela negra, simultáneamente con la oración se van separando las figuras.

Índice

Prólogo 5

Límites mágicos 9

Rituales de magia "blanca" 21

Rituales de magia "negra" 67

TÍTULOS DE ESTA COLECCIÓN

- ¿Descubrimiento o conspiración?
- ¿Existe en verdad Bin Laden?
- Ahnenerbe
- Alamut
- Altares, ofrendas, oraciones y rituales a la Santa Muerte
- Ángeles espíritus de luz
- Apariciones celestiales
- Armas secretas nazis
- Cromoterapia. La salud por los colores
- Cuidado de la piel
- Curación con aguacate
- Curación con agua
- Curación con chocolate
- Curación con papaya
- Curación con plantas medicinales
- Curación con terapias naturales
- Curso completo de tarot
- El cuerpo
- El gran libro de la Oui-ja
- El gran libro de los dinosaurios
- El gran libro del tarot de Marsella
- El gran secreto nazi
- El libro de los muertos
- El libro de los objetos imposibles
- El origen del mal
- El Renacimiento
- El tesoro del vegetariano
- El último Papa
- El verdadero Jesús según los manuscritos de Nag Hamadi
- En busca del evangelio perdido
- Exorcismo
- Fantasmas
- Feng Shui y su magia
- Gran recetario de magia blanca
- Hechizos amorosos
- Hipnosis. El control de la mente
- Iridología. El diagnóstico por el iris
- La cruz y la svástica
- La Inquisición
- La Palestina de Jesús
- La Revolución Francesa
- La sábana santa y el santo sudario
- La Segunda Guerra Mundial
- La urna de Santiago
- La verdadera tumba de Jesús
- Las claves de la vida eterna
- Las mentiras de la historia
- Los aztecas
- Los chinos
- Los egipcios
- Los enigmas de Jesús
- Los enigmas de la Biblia
- Los griegos
- Los hindúes
- Los incas
- Los mayas
- Los romanos
- Los secretos de los templarios
- Magia amorosa. Los rituales del amor
- Magia blanca
- Magia natural. Animal, vegetal y mineral
- Magia y brujería
- Magnetismo. El poder de la atracción
- Mentiras y escándalos
- Mesopotamia
- Mitos y ritos en Grecia
- Nostradamus. Sus secretos...
- Operación barbarroja
- Parapsicología. El otro conocimiento
- Recetario de magia blanca y negra
- Rituales mágicos
- Rituales para trabajos mágicos
- Santería. Misterios y secretos
- Santería. Ritos, adivinación y magia
- Sectas destructivas
- Telepatía. La comunicación mental
- Vitaminas para el alma
- Wicca. La otra brujería

Impreso en los talleres de
Trabajos Manuales Escolares,
Oriente 142 No. 216
Col. Moctezuma 2a. Secc.
Tels. 5 784.18.11 y 5 784.11.44
México, D.F.